Vincent Andreas

Die verhexte Hochzeitskutsche

Bibi & Tina
Lesen lernen
2. Klasse
ab 7 Jahren

Klett Lerntraining

Bibliografische Information der Deutschen Nationalbibliothek
Die Deutsche Nationalbibliothek verzeichnet diese Publikation in der Deutschen Nationalbibliografie; detaillierte bibliografische Daten sind im Internet über http://dnb.d-nb.de abrufbar.

Dieses Werk folgt der neuesten Rechtschreibung und Zeichensetzung.

Auflage 3 2 1 | 2014 2013 2012
Die letzten Zahlen bezeichnen jeweils die Auflage und das Jahr des letzten Druckes.

© 2012 KIDDINX Studios GmbH, Berlin
Redaktion: Jutta Dahn
Lizenz durch KIDDINX Media GmbH
Lahnstraße 21, 12055 Berlin
www.bibiundtina.de

© Klett Lerntraining GmbH, Stuttgart 2012. Alle Rechte vorbehalten.
www.lesedrachen-club.de
Der Online-Zugang zum Lese-Führerschein ist bis fünf Jahre nach Erscheinen des Buches gewährleistet.
Teamleiterin Lernhilfen Grundschule: Susanne Schulz
Redaktion: Sandra Meyer
Umschlaggestaltung und Layout: Sabine Kaufmann, Stuttgart
Illustrationen: Agentur Christian Ortega, Barcelona
Satz: GreenTomato GmbH, Stuttgart
Druck: G. Canale & C. S. p. A., Turin
Printed in Italy
ISBN 978-3-12-949069-3

Inhalt

Bibi macht eine Entdeckung   4

Die Kutsche ist weg!   12

Ein verzweifelter Plan   16

Geheimnisvolle Verwandlung   22

Hufeisen-Quiz   28

Lese-Führerschein   32

Bibi macht eine Entdeckung

Es ist ein schöner, sonniger Tag.
Bibi, Tina und Alex picknicken
am Mühlbach.
„Das ist ein toller Platz!",
findet Tina.
„Ja, und so schön still!",
sagt Bibi und streckt sich.
Doch plötzlich hören sie
ein lautes Poltern.

Verwundert sehen sie sich um.
Der Lärm kommt vom Mühlenhof.
„Wir sehen mal nach,
was da los ist!", ruft Bibi.
Die drei packen alles wieder ein
und reiten zum Hof hinüber.
Dort räumt der Mühlenhof-Bauer
laut schimpfend Gerümpel
aus seiner Scheune.

„Wollen Sie die Sachen wegwerfen?",
fragt Tina.
„Das bekommt alles Trödel-Hannes",
grummelt der mürrische Bauer.
Bibi hat inzwischen in dem Gerümpel
etwas Spannendes entdeckt:
eine alte, verstaubte Kutsche.
Sie sieht ziemlich morsch aus.
Und auf dem Sitz der Kutsche
hat sich ein Huhn
einen Nistplatz eingerichtet.

„Wenn man die wieder herrichtet,
wäre sie ein tolles Geschenk
für deine Mutti!",
schlägt Bibi Tina vor.
Morgen hat Frau Martin
nämlich Geburtstag.
Tina ist von der Idee begeistert.

Nur Alex findet,
dass die Kutsche reif
für den Sperrmüll ist.
„Das Grafensöhnchen will sich
die Hände nicht schmutzig machen",
zieht Tina ihn auf.
Das kann Alex natürlich nicht
auf sich sitzen lassen!
Und so bitten die Freunde
den Mühlenhof-Bauern,
ihnen die Kutsche zu überlassen.

Der Bauer will das Gefährt
ohnehin loswerden.
„Wenn ihr mir beim Entrümpeln helft,
dürft ihr sie haben!", erwidert er.
Mit Feuereifer machen sich
die Freunde ans Werk.
Nachdem die Scheune entrümpelt ist,
bringen sie zuerst das Huhn
zu den anderen Hühnern
in den Stall zurück.

Dann versuchen sie die Kutsche
zu reparieren.
Danach putzen und polieren sie
ihr neues Eigentum.
Wirklich zufrieden sind sie
allerdings noch nicht.
„Früher sah die Kutsche bestimmt
viel hübscher aus", meint Tina.
„Nichts leichter als das!",
denkt sich Bibi
und hilft mit einem Hexspruch nach.

„Eene meene Blumenkranz,
erstrahle nun in altem Glanz!
Hex-hex!", ruft sie.
Es macht „pling-pling".
Die Freunde staunen nicht schlecht.
Vor ihnen steht
eine prachtvolle Hochzeitskutsche!
Bibi, Tina und Alex sind sich einig:
Von dieser Kutsche
wird Frau Martin begeistert sein!

Die Kutsche ist weg!

Die Freunde reiten nach Hause.
Sie wollen die Kutsche
am nächsten Tag abholen.
Kaum sind sie fort,
nähert sich ein anderer Reiter
dem Mühlenhof.
Es ist Graf Falko von Falkenstein
auf seiner Stute Cleopatra.

Als er die verhexte Kutsche sieht,
ist er hin und weg.
„Was haben Sie da
für ein prachtvolles Schmuckstück!",
ruft er dem Mühlenhof-Bauern zu,
der gerade aus dem Stall kommt.
Der Bauer war die ganze Zeit
bei seinen Kühen
und hat die Kutsche
bislang noch nicht gesehen.
Er bekommt vor Verblüffung
den Mund nicht mehr zu.

„Und sehen Sie nur!",
ruft Graf Falko und zeigt
auf das Innere der Kutsche.
Dort ziert ein altes Wappen
die Polster der Sitze.
„Das ist das Wappen
derer von Falkenstein!
Kein Zweifel:
Dies ist die Hochzeitskutsche
meiner Großmutter Amalie.
Die Kutsche muss ich haben!"

Der Bauer murmelt zunächst,
dass die Kutsche
nicht zum Verkauf steht.
Doch als der Graf ihm
ein hübsches Sümmchen bietet,
kann er nicht Nein sagen.
Damit ist der Kauf besiegelt.
Der Bauer verspricht dem Grafen,
die Kutsche noch am selben Abend
mit seinem Traktor
zum Schloss Falkenstein zu bringen.

Ein verzweifelter Plan

Am Abend hört Alex
das laute Knattern eines Traktors.
„Nanu", geht es ihm durch den Kopf,
„ein Traktor um diese Uhrzeit?"
Schnell rennt er zum Fenster
und blickt in den Schlosshof.
Er kann kaum glauben,
was er dort sieht.

Der Traktor zieht
die Kutsche vom Mühlenhof
durch das Schlosstor!
Hastig läuft Alex die Treppe hinab.
In der Eingangshalle prallt er
mit seinem Vater zusammen.
Der Graf lässt ihn zunächst
gar nicht zu Wort kommen.
„Hast du schon
meine neueste Erwerbung gesehen?",
ruft er freudestrahlend
und berichtet von dem Kauf.

„Aber das geht nicht!",
unterbricht Alex ihn.
„Die Kutsche ist ein Geschenk
für Frau Martin!"
Er erzählt seinem Vater
die ganze Geschichte.
Doch dieser bleibt ungerührt.
„Gekauft ist gekauft",
entgegnet er kühl,
„und damit basta!"

Sofort eilt Alex zum Telefon
und ruft auf dem Martinshof an.
Bibi und Tina sind empört!
Der Graf hat ihre Kutsche gekauft?
Sie sehen nicht ein,
warum sie ihm gehören soll.
Schließlich haben sie
die Kutsche entdeckt
und wieder hergerichtet!

Aber was sollen sie tun?
„Wir holen uns die Kutsche zurück!",
ruft Bibi entschlossen.
Sie denkt sich folgenden Plan aus:
„Heute Nacht reiten wir
mit den Ponys Max und Moritz
zum Schloss.
Dann werden wir die Kutsche entführen
und irgendwo verstecken!"

Doch bei diesem Plan
ist Alex unwohl.
Auch Tina hat Bedenken.
Sie schlägt vor,
noch einmal mit dem Grafen zu reden.
Vielleicht können sie ihn überreden,
die Kutsche zurückzugeben.

Geheimnisvolle Verwandlung

Sofort brechen Bibi und Tina
zum Schloss Falkenstein auf.
Alex erwartet sie schon.
Die drei treffen den Grafen
vor der Garage.
„Ihr seid gekommen,
um meine Kutsche zu holen?",
fragt er misstrauisch.
„Das könnt ihr euch
aus dem Kopf schlagen!"

„Das ist nicht Ihre Kutsche!",
sagt Bibi wütend.
Doch damit stößt sie
beim Grafen auf taube Ohren.
„Ich werde mich
auf keine Diskussion einlassen",
erwidert er stur.
„Diese edle Kutsche
befindet sich nun in meinem Besitz!"
Mit diesen Worten
öffnet er das Garagentor.
Doch was ist das?

Die schöne Hochzeitskutsche
ist verschwunden!
Stattdessen steht dort
ein völlig schmuckloses Gefährt.
„Da ist der Lack wohl ab",
bemerkt Bibi frech.
Ihr ist mittlerweile klar geworden,
was geschehen ist.
„So eine Glanz-Hexerei
hält nur ein paar Stunden",
erklärt sie den anderen.

Der Graf ist vollkommen verblüfft.
„Ohne Bibis Hexerei wäre mir
die Kutsche gar nicht aufgefallen!",
stellt er fest.
Er entschuldigt sich bei den Kindern.
Da hat Bibi eine Idee:
Der Graf kann die Kutsche behalten
und reparieren lassen.
Und für morgen soll er ihnen
eine andere Kutsche leihen.
Dann können sie Frau Martin
wenigstens eine Kutschfahrt schenken.

Am nächsten Morgen wird Frau Martin
von Hufgeklapper überrascht.
Eine prachtvolle Kutsche fährt
auf dem Martinshof vor.
Der Graf bittet Frau Martin
einzusteigen.
Sie freut sich sehr.
„Das ist eine tolle Überraschung!",
sagt sie und nimmt Platz.
Und los geht's!
Die große Geburtstags-Kutschfahrt
kann beginnen!

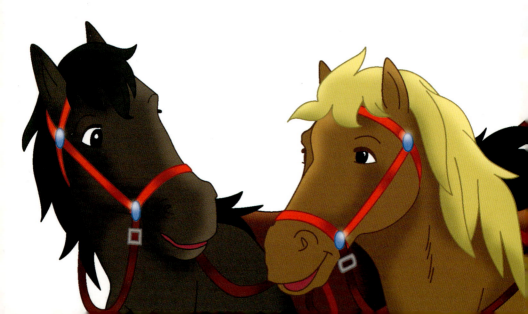

Hufeisen-Quiz

 1. Warum reiten Bibi, Tina und Alex zum Mühlenhof?
- D ○ weil sie Milch kaufen wollen
- M ⊗ weil sie wissen wollen, woher das laute Poltern kommt
- B ○ weil sie den Mühlenhof-Bauern besuchen wollen

 2. Trödel-Hannes heißt so, weil …
- E ○ … er immer trödelt.
- I ○ … sein Vater „Trödel" heißt.
- A ⊗ … er Trödel verkauft.

3 Was entdeckt Bibi in dem Gerümpel?

N ○ eine alte, verlaubte Kutsche

R ⊗ eine alte, verstaubte Kutsche

G ○ eine alte, verbaute Kutsche

 4 Die Kinder bekommen die Kutsche, wenn sie dem Bauern helfen. Was müssen sie tun?

L ○ Sie müssen seine Kühe melken.

F ○ Sie müssen den Rasen mähen.

T ⊗ Sie müssen beim Entrümpeln helfen.

 Bibi, Tina und Alex reparieren die Kutsche. Warum sind sie nicht zufrieden?

I ⊗ Die Kutsche sieht immer noch nicht schön aus.

O ○ Die Kutsche ist zu klein.

U ○ Sie mögen ihre Farbe nicht.

6 Falkos Pferd Cleopatra ist eine:
- F ○ Tute.
- N ⊗ Stute.
- T ○ Schnute.

7 Woher weiß der Graf, dass die Kutsche seiner Großmutter gehörte?
- K ○ Er findet ihre Brosche in der Kutsche.
- H ○ Er kennt die Kutsche von alten Fotos.
- S ⊗ Er entdeckt das Familienwappen.

8 Wie will Bibi die Kutsche zurückbekommen?
- P ○ Sie will sie Falko abkaufen.
- H ⊗ Sie will sie entführen.
- R ○ Sie will sie vom Schloss weghexen.

9 Warum sieht die Kutsche wieder aus wie vor der Hexerei?

- **Ä** ◯ Bibi hat beim Hexen einen Fehler gemacht.
- **U** ◯ Die Kutsche wurde ausgetauscht.
- **O** ⊗ Der Hexspruch hält nicht lange.

10 Warum leiht der Graf den Kindern eine andere Kutsche?

- **F** ⊗ weil er sich falsch verhalten hat
- **T** ◯ weil er sich richtig verhalten hat
- **N** ◯ weil Bibi sich falsch verhalten hat

Lese-Führerschein

Lösungswort

Hast du alle Quiz-Fragen beantwortet? Dann trage hier die Buchstaben der richtigen Antworten ein.

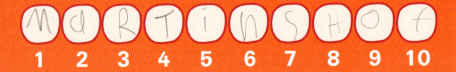

M A R T I N S H O F
1 2 3 4 5 6 7 8 9 10

Tipp: Das Lösungswort hat etwas mit der Geschichte zu tun!

Gehe jetzt gemeinsam mit deinen Eltern auf **www.lesedrachen-club.de**

So geht's zum Lese-Führerschein

1. Melde dich kostenlos mit einer E-Mail-Adresse und einem Passwort an.

2. Klicke dann auf Start, und wähle auf der Seite dein Buch aus.

3. Gib nun das Lösungswort ein und bestätige die Eingabe mit OK. Schon hast du 100 Punkte auf deinem Punkte-Konto gutgeschrieben!

4. Nun kannst du dich mit den Lese-Übungen, die für dein Buch angezeigt werden, im Lesen richtig fit machen und die noch fehlenden 50 Punkte für deinen Lese-Führerschein sammeln.

5. Hast du alle Fragen richtig beantwortet? Dann wartet dein Lese-Führerschein auf dich!

Viel Erfolg!